Cantares gallegos
Rosalía de Castro

Cantares Gallegos
Copyright © JiaHu Books 2014
First Published in Great Britain in 2014 by Jiahu Books – part of Richardson-Prachai Solutions Ltd, 34 Egerton Gate, Milton Keynes, MK5 7HH
ISBN: 978-1-78435-045-1
Conditions of sale
All rights reserved. You must not circulate this book in any other binding or cover and you must impose the same condition on any acquirer.
A CIP catalogue record for this book is available from the British Library
Visit us at: jiahubooks.co.uk

A Fernan Caballero	5
Prólogo	7
Poema 1	13
Poema 2	20
Poema 3	21
Poema 4	26
Poema 5	29
Poema 6	34
Poema 7	42
Poema 8	45
Poema 9	47
Poema 10	51

A Fernan Caballero.

Señora: Por ser muger y autora de unas novelas hácia las cuales siento la mas profunda simpatia, dedico á V. este pequeño libro. Sirva él, para demostrar á la autora de la GAVIOTA y de CLEMENCIA, el grande aprecio que le profeso, entre otras cosas, por haberse apartado algun tanto, en las cortas páginas en que se ocupó de Galicia, de las vulgares preocupaciones, con que se pretende manchar mi pais.

Santiago, 17 de mayo de 1863.

Prólogo

Grande atrevemento é, sin duda, par' un probe inxenio com' o que me cadrou en sorte, dar á luz un libro cuyas páxinas debían estar cheyas de sol, d'armonía, e d'quela naturafidade que unida á un-ha fonda ternura, á un arrulo incesante de palabriñas mimosas e sentidas, forman á maior belleza d' os nosos cantos populares. A poesía gallega toda música e vaguedade, toda queixas, sospiros e doces sonrisiñas, mormuxando un-has veces c'os ventos misteriosos d'os bosques, briland' outras c' ó rayo de sol que cai sereniño por enriba d' as auguas d'un río farto e grave, que corre baixo as ramas d'os salgueiros en frol, compríalle para ser cantada, un sprito subrime e cristaiño si asi ó podemos decir, un-ha inspiración fecunda, com' á vexeta, ción que hermosea esta nosa privilexiada terra e sobre todo un sentimento delicado e penetrante prá dar á conocer tantas bellezas de pirmeiro orden, tanto fuxitivo rayo d' hermosura, como se desprende de cada costume, de cada pensaento escapado á este pobo á quen moitos chaan estúpido, e á quen quisais xuzguen insensibre, estraño á devina poesia. Mais naide ten menos qu'eu teño, as grandes cualidades que son precisas prá levar á cabo obra tan dificile, anque naide tampouco se pudo achar animado d'un mais bon deseo, prá cantar as bellezas da nosa terra naquel dialecto soave e mimoso, que queren facer bárbaro, os que non saben que aventaxa ás demais linguas en dozura e armonia. Por esto, inda achándome débil en forzas e nabendo deprendido en mais escola qu' á d' os nosos probes aldeans, guiada solo por aqueles cantares, aquelas palabras cariñosas e aqueles xiros nunca olvidados que tan doçemente resoaron nos meus oídos desd' á cuna, e que foran recollidos po-lo meu corazón como harencia propia, atrevinme á escribir estos cantares, esforzándome en dar á conocer como algun-has d' as nosas poeticas costumes, inda conservan certa frescura patriarcal e primitiva, e com'o ó noso dialecto doce e sonoro, é tan aproposito com'ó o pirmeiro, para toda clase de versificación.

As miñas forzas é certo quedaron moito mais abaixo d' ó que alcançaran os meus deseyos, e por eso comprendendo canto poidera facer nesto un gran poeta, dóyome inda mais da miña insuficença. *Ó libro d' os Cantares* de D. Antonio Trueba, que m' inspirara e der' alento prá levar á cabo este traballo, pasa pó-lo meu pensamento com' un-hun remorso, e casi asoman as vagoas ôs meus ollos ô pensar como Galicia se levantaria hastr'ó lugar que lle corresponde, si un poeta como Anton ó d' os *Cantares*, fose o destinado prá dar á conocer as suas bellezas e ás suas costumes. Mais á míña infeliz patria, tan desventurada nesto como en todo ó mais, tense que contentar c' un-has páxinas frias e insulsas, qu' á penas serian dinas d' achegarse de lonxe âs portas dó Parnaso, como non fosse pó-lo nobre sentimento c' as creou. Qu' esto mesmo me sirva de disculpa, prá os que xustamente quirtiquen as miñas faltas, pois penso que ó que s' esforça por desvanecer os errores que manchan e ofenden inxustamente á sua patria, é acreedore á algun-ha indulxencia.

Cantos, vagoas, queixas, sospiros, serans, romerias, paisaxes, debesas, pinares, soidades, ribeiras, costumes, tod' aquelo en fin que pó-la sua forma e colorido e dino de ser cantado, todo ó que tuvo un eco, un-ha voz, un runxido por leve que fosse, que chegase á conmoverme, tod'esto m' atrevin á cantar neste homilde libro prá desir un-ha vez siquera, y anque sea torpemente, ôs que sin razon nin conocement' algun nos despreçan, qu' a nosa terra é dina d' alabanzas, e qu' a nosa lingua non é aquela que bastardean e champurran torpemente nás mais ilustradisimas províncias, c' un-ha risa de mofa, qu' á desir verdade (por mais qu' esta sea dura), demostra á iñorancia mais crasa y á mais imperdoable inxusticia, que pode facer un-ha provincia á outra provincia hirman por probe qu'esta sea. Mais he aqui qu' ó mais triste nesta cuestion, é á falsedade con que fora d' aqui pintan así ôs fillos de Galicia com' á Galicia mesma, á quen xeneralmente xuzgan ó mais despreciable e feyo d' España, cando acaso sea ó mais hermoso e dino d' alabanza.

Non quero ferír con esto á susceptibilidade de naide, anque á decir verdade, ben poidera perdonarsell' este pequeno desafogo á quen tan ferida foy de todos. Mais eu qu' atravesei repetidas veces aquelas soledades de Castilla, que dan idea d' ó deserto; eu que recorrin á feraz Estremadura y á estensa Mancha, dond' ó sol cai á plomo alomeando monotonos campos, dond' ó cor d' á palla seca prest' un tono cansado ô paisaxe que rinde e entristece ó esprito, sin un-ha herbiña que distraya á mirada que vai perderse nun ceo sin nubes, tan igual e tan cansado com' á terra que crobe; eu que visitei os celebrados arredores d' Alicante dond' os olivos, có seu verd' escuro, sembrados en fila e de raro en raro parecen chorar de verse tan solitarios, e vin aquela famosa horta de Murcia, tan nomeada, e tan alabada, e que, cansada e monotona com' ó resto d' aquel paise, amostra á sua vexetacion tal como paisaxes pintados nún carton con árbores postos simetricamente y en carreiriños para divertision d' os nenos, eu non podo menos d' indignarme cand' os fillos d' esas provincias que Dios favoreceu en fartura, pero non ná belleza d' os campos, bulranse d' esta Galicia competidora en clima e galanura c'os paises mais encantadores da terra, esta Galicia donde todo é espontaneo na natureza y en donde á man do home, cede o seu posto á man de Dios. Lagos, cascadas, torrentes, veigas froridas, valles, montañas, ceos azues e serenos com' os d' Italia, horizontes nubrados e malenconicos anque sempre hermosos com' os tan alabados da Suiza, ribeiras apacibres e sereniñas, cabos tempestuosos qu' aterran e adimiran po-la sua xigantesca e xorda cólera... mares imensos... que direi mais? non hay pruma que poida enumerar tanto encanto reunido. A terra cuberta en tóda-las estacions de herviñas e de frores, os montes cheyos de pinos, de robres e salgueiros, os lixeiros ventos que pasan, as fontes y os torrentes derramándose fervedores e cristaiños, bran e inverno, xa po-los risoños campos, xa en profundas e sombrisas ondanadas... Galicia é sempre un xardin donde se respiran aromas puros, frescura e poesia... E á pesar d' esto chega á tanto á fatuidade d' os iñorantes, á tanto á indina preocupacion que contra á nosa terra existe, qu' inda os mesmos que poideron contemprar tanta hermosura (xa non falamos d' os que se bulran de nos sin que xamais nos hayan visto nin ainda de lonxe, que son os mais) inda os que penetraron en Galicia e gozaron d' as delicias qu' ofrece, atreveronse á decir que Galicia era... un cortello inmundo!!... Y estos eran quisais fillos... de aquelas terras abrasadas d' onde hastra os paxariños foxen!... que diremos á esto? Nada mais sinon, que taes fatuidades, respecto do noso pais, teñen algun-ha comparanza c' as d' os franceses ô falar d' as suas eternas vitorias ganadas ôs españoles. España, nunca, nunca os venceu, po-lo contrario sempre saleu vencida, derrotada, homillada, e ó mais triste d' esto é que vale antr' eles tan infame mentira, así como vale prá á seca Castilla, prá á deserta Mancha e prá tóda-las demais provincias d' España, —ningun-ha comparada en verdadeira belleza de paisaxe, có á nosa,— que Galicia é ó rincon mais despreciable da terra. Ben din que todo neste mundo está compensado, e ven asi á sofrir España d' un-ha nacion veciña que sempre á ofendeu á misma inxusticia qu' ela, inda mais culpabre, comete c' un-ha provincia homillada de quen nunca s' acorda, como non sea prá homillala índa mais. Moito sinto as inxusticias con que nos favorecen os franceses, pró neste momento casi lles estou agradecida, pois que me proporcionan un medio de facerlle mais palpabre á España á inxusticia qu' ela á sua vez conosco comete. Foy este ó movil principal que m' impeleu á pubricar este libro, que mais que nadie, conoço que necesita á indulxencia de todos. Sin gramatica, nin regras de ningunha clás, ó lector topará moitas veces faltas d' ortografia, xiros que disoarán ôs oidos d' un purista, pró ô menos, e prá disculpar en algo estes defectos, puxen o mayor coidado, en reprodusir ó verdadeiro esprito d' ó noso pobo, e penso qu' ó conseguin en algo... si ben de un-ha maneira débil e froxa.

¡Queira ó ceo qu' outro mais afertunado qu' eu, poida describir c' ó seus cores verdadeiros, os cuadros encantadores que por aquí s' atopan, inda no rincon mais escondído e olvidado! prá qu' asi ô menos en fama, xa que non en proveito, gane e se vexa c' o respeto e adimiracion merecidas esta infortunada Galicia.

1.

As de cantar
Que ch' ei de dar zonchos;
As de cantar
Que ch' ei de dar moitos.

I.

«As de cantar
Meniña gaiteira,
As de cantar
Que me morro de pena

Canta meniña
Na veira da fonte,
Canta dareiche
Boliños do pote.

Canta meniña
Con brando compas,
Dareich' unha proya
Da pedra do lar.

Papiñas con leite
Tamén che darei,
Sopiñas con viño,
Torrexas con mel.

Patacas asadas
Con sal é vinagre,

Que saben á noces,
¡Que ricas que saben!

¡Que feira, rapaza,
Si cantas faremos!...
Festiña por fora,
Festiña por dentro.

Canta si queres,
Rapaza do demo,
Canta si queres,
Dareich' un mantelo.

Canta si queres
Na lengua qu' eu falo,
Dareich' un mantelo.
Dareich' un refaixo.

Có son da gaitiña,
Có son da pandeira,
Che pido que cantes
Rapaza morena.

Có son da gaitiña,
Có son do tambor,
Che pido que cantes
Meniña por Dios."

II.

Asi mó pediron
Na veira do mar,
A ó pé das ondiñas
Que veñen e van.

Asi mó pediron
Na veira do rio

Que corr' antr' as erbas
Do campo frorido.

Cantaban os grilos,
Os galos cantaban,
O vento antr' as follas
Runxindo pasaba.

Campaban os prados,
Manaban as fontes,
Antr' erbas e viñas
Figueiras e robres.

Tocaban as gaitas
O son das pandeiras,
Bailaban os mozos
Cás mozas modestas.

Que cofias tan brancas!
Que panos con freco!...
Que dengues de grana!
Que sintas! que adresos!

Que ricos mandiles,
Que verdes refaixos...
Que feitos xustillos
De cór colorado!

Tan vivos colores
A vista trubaban,
De velos tan vareos
O sol se folgaba.

De velos bulindo
Por montes e veigas,
Coidou qu' eran rosas
Garridas e frescas.

III.

Lugar mais hermoso
Non houbo na terra
Qu' aquel qu' eu miraba,
Qu' aquel que me dera.

Lugar mais hermoso
No mundo n' hachara,
Qu' aquel de Galicia,
Galicia encantada!

Galicia frorida,
Cal ela ningunha,
De froles cuberta,
Cuberta de espumas.

D' espumas qu' o mare
Con pelras gomita,
De froles que nacen
A ó pé das fontiñas.

De valles tan fondos,
Tan verdes, tan frescos,
Qu' as penas se calman
No mais que con velos.

Qu' os anxeles neles
Dormidos se quedan,
Xa en forma de pombas,
Xa en forma de niebras.

IV.

Cantart' ei, Galicia,
Teus dulces cantares,
Qu' asi mó pediron
Na veira do mare.

Cantar t' ei, Galicia,
Na lengua gallega,
Consolo dos males,
Alivio das penas.

Mimosa, soave,
Sentida, queixosa,
Encanta si rie,
Conmove si chora.

Cal ela, ningunha
Tan dulce que cante,
Soidades amargas,
Sospiros amantes.

Misterios da tarde,
Murmuxos da noite:
Cantar t' ei, Galicia,
Na veira das fontes.

Qu' asi mó pediron,
Qu' asi mó mandaron,
Que cant' e que cante
Na lengua qu' eu falo.

Qu' asi mó mandaron,
Qu' asi mó dixeron...
Xa canto, meniñas,
Coidá que comenzo.

Con dulce alegria,
Con brando compás.
O pé das ondiñas,
Que veñen e van.

Dios santo premita
Qu' aquestes cantares,
D' alivio vos sirvan
Nos vosos pesares.

De amabre consolo,
De soave contento,
Cal fartan de dichas
Compridos deseyos.

De noite, de dia,
N' aurora, na sera,
Oiresme cantando
Por montes e veigas.

Quen queira me chame,
Quen queira m' obrige,
Cantar, cantareille
De noit' e de dia.

Por darlle contento,
Por darlle consolo,
Trocand' en sonrisas
Queixiñas e choros.

Buscaime, rapazas,
Velliñas, mociños,
Buscaim' antr' os robres,
Buscaim' antr' os millos.

Nas portas dos ricos,
Nas portas dos probes,

Qu' aquestes cantares
A todos responden.

A todos, qu' á Virxen
Axuda pedin,
Por que vos console
No voso sufrir.

Nos vosos tormentos,
Nos vosos pesares.

Coidá que comenso...
¡Meniñas, Dios diante!

2.

Nasin cand' as prantas nasen,
No mes das froles nasin,
Nunh' alborada mainíña,
Nunh' alborada d' abril.
Por eso me chaman Rosa
Mais á dó triste sorrir
Con espiñas para todos
Sin ningunha para tí.
Dés que te quixen, ingrato,
Tod' acabou para min,
Qu' eras tí para min todo
Miña groria e meu vivir.
De que pois te queixas, Mauro?
De que pois te queixas, di,
Cando sabes que morrera
Por te contemplar felis?
Duro crabo me encrabaches
Con ese teu maldesir,
Con ese teu pedir tolo
Que non sei que quer de min,
Pois dinche canto dar puden
Avariciosa de ti,
O meu corason che mando
C' unha chave par' ó abrir,
Nin eu teño mais que darche,
Nin ti mais que me pedir.

3.

- Dios bendiga todo, nena;
rapaza, Dios te bendiga,
xa que te dou tan grasiosa,
xa que te dou tan feitiña
que, anque andiven moitas terras,
que, anque andiven moitas vilas,
coma ti non vin ningunha
tan redonda e tan bonita.
¡Ben haia quen te paríu!
Ben haia, amén, quen te cría!

- Dios vos garde, miña vella;
gárdevos Santa Mariña,
que, abofé, sos falangueira,
falangueira e ben cumprida.
- Meniña, por ben falada
ningunha se perdería.
Cóllense antre os paxariños
aqueles que mellor trían.
Morre afogado antre as pallas
o pitiño que non chía.
- Pois si vós foras pitiño,
dígovos, miña velliña,
que dese mal non morreras;
que chiar, ben chiarías.
- ¡Ai! ¡Qué, sinón, de min
miña filla, miña filla!
Sin agarimo no mundo
desde que nasín orfiña,
de porta en porta pedindo
tiven que pasar a vida.

E cando a vida se pasa
cal vida de pelegrina,
que busca pelegrinando
o pan de tódolos días,
de cote en lares alleos,
de cote en estrañas vilas,
hai que deprender estonces,
por non morrer, coitadiña,
ó pe dun valo tumbada
e de todos esquencida,
o chío dos paxariños,
o recramo das pombiñas,
o ben falar que comprase,
a homildá mansa que obriga.
- ¡Moito sabés, miña vella,
moito de sabiduría!

Quén poidera correr mundo

por ser como vós sabida!
Que anque traballos se pasen
aló polas lonxes vilas,
tamén ¡qué cousas se saben!,
tamén, ¡qué cousas se miran!
- Máis val que n'as mires
que estonces te perderías:
¡o que ó sol mirar precura
logo quedará sin vista!
- Dirés verdá, miña vella;
mais craras as vosas nifias
emprestóuvos hastra agora
groriosa Santa Lucía.
- Moita devosón lle teño,

¡miña santiña bendita! ;
mais non sempre as niñas craras
son proba de craras vistas.
Moitas eu vin como a augua
que corre antre as penas frías
gorgorexando de paso,
sereniña, sereniña,
que antre tiniebras pousaban,
que antre tiniebras vivían,
nas tiniebras dos pecados
que son as máis escondidas.
- Si de pecados falades,
é pan que onde queira espiga,
en tódalas partes crese,
en todas partes se cría;
mais uns son cor de veneno,
outros de sangre runxida,
outros, como a noite negros,
medran cas lurpias dañinas
que os paren entre ouro e
arrolados pola envidia,
mantidos pola luxuria,
mimados pola cobiza.
- Quen ben está, ben estea.
Déixate estar, miña filla,
nin precures correr mundo,
nin tampouco lonxes vilas,
que o mundo dá malos pagos
a quen lle dá prendas finas,
e nas vilas mal fixeras
que aquí facer non farías;
que, anque ese pan barolento
en todas partes espiga,

nunhas apoucado crese,
noutras medra que adimira.
- Falás como un abogado
e calquera pensaría
que deprendestes nos libros
tan váreas palabrerías,
todiñas tan ben faladas,
todiñas tan entendidas.
E tal medo me puñeches,
que xa de aquí non saíra
sin levar santos escritos
e medalliñas benditas
nun lado do meu xustillo,
xunto dunha negra figa,
que me librasen das meigas
e máis das lurpias dañinas.
- Que te libren de ti
pídelle a Dios, rapariga,
que somos nós para nós
as lurpias máis enemigas.
Mais xa ven a noite vindo
co seu manto de estreliñas;
xa recolleron o gando
que pastaba na curtiña;
xa lonxe as campanas tocan,
tocan as Ave-Marías;
cada conexo ó seu tobo,
lixeiro, lixeiro tira,
que é mal compañeiro a noite
si a compañeiro se obriga.
Mas, ¡ai!, que eu non teño
nin burata conocida,
nin tellado que me cruba

dos ventos da noite fría.
¡Qué vida a dos probes, nena!
¡Qué vida! ~Qué amarga vida!
Mais Noso Señor foi probe.
¡Que esto de alivio nos sirva!
- Amén, miña vella, amén;
mais, polas almas benditas,
hoxe dormirés nun leito
feito de palliña triga,
xunta do lar que vos quente
ca borralliña encendida,
e comerés un caldiño
con patacas e nabizas.
- ¡Bendito sea Dios, bendito!
¡Bendita a Virxe María,
que con tanto ben me acode
por unha man compasiva!
O Señor che dé fortuna
con moitos anos de vida.
¡Vólvanseche as tellas de ouro,
as pedras de prata fina,
e cada gran seu diamante
che se volva cada día!
I agora, miña rapaza,
porque un pouco te adivirtas
bailando cas compañeiras
que garulan na cociña,
heiche de contar historias,
heiche de cantar copriñas,
heiche de tocar as cunchas,
miña carrapucheiriña.

4.

- Cantan os galos pra o día
érguete, meu ben, e vaite.
- ¿Cómo me hei de ir,
cómo me hei de ir e deixarte?
- Deses teus olliños negros
como doas relumbrantes,
hastra as nosas maus unidas
as bágoas ardentes caen.
¿Cómo me hei de ir si
¿Cómo me hei de ir e
si ca lengua me desbotas
e co corasón me atraes?
Nun corruncho do teu leito
cariñosa me abrigaches;
co teu manso caloriño
os fríos pes me quentastes;
e de aquí xuntos miramos
por antre o verde ramaxe
cál iba correndo a lúa
por enriba dos pinares.
¿Cómo queres que te deixe?
¿Cómo, que de ti me aparte
si máis que a mel eres
e máis que as froles soave?
- Meiguiño, meiguiño, meigo,
meigo que me namoraste,
vaite de onda min, meiguiño,
antes que o sol se levante.
- Ainda dorme, queridiña,
antre as ondiñas do mare;
dorme porque me acariñes

e porque amante me chames,
que só onda ti, meniña,
podo contento folgare.
- Xa cantan os paxariños.
Érguete, meu ben, que é tarde.
- Deixa que canten, Marica;
Marica, deixa que canten...
Si ti sintes que me vaia,
eu relouco por quedarme.
- Conmigo, meu queridiño,
mitá da noite pasaches.
- Mais en tanto ti dormías,
contentéime con mirarte,
que así, sorrindo entre soños
coidaba que eras un ánxel,
e non con tanta pureza
ó pe dun ánxel velase.
- Así te quero, meu ben,
como un santo dos altares;
mais fuxe..., que o sol dourado
por riba dos montes saie.
- Iréi; mais dame un biquiño
antes que de ti me aparte,
que eses labiños de rosa
inda non sei cómo saben.
- Con mil amores cho dera;
mais teño que cofesarme,
e moita vergonza fora
ter un pecado tan grande.
- Pois confésate, Marica,
que, cando casar nos casen,
non che han de valer, meniña,
nin confesores nin frades.

¡Adiós, cariña de rosa!
- ¡Raparigo, Dios te garde!

5.

Miña Santiña,
miña Santasa,
miña cariña
de calabasa:
hei de emprestarvos
os meus pendentes,
hei de emprestarvos
o meu collar;
hei de emprestarcho,
cara bonita,
si me deprendes
a puntear.
- Costureiriña
comprimenteira,
sacha no campo,
malla na eira,
lava no río,
vai apañar
toxiños secos
antre o pinar.
Así a meniña
traballadora
os punteados
deprende hora.
- Miña Santiña,
mal me quixere
quen me aconsella
que tal fixere.
Mans de señora,
mans fidalgueiras

teñen todiñas
as costureiras;
boca de reina,
corpo de dama,
cómprelle a seda,
foxen da lama.
- ¡Ai, rapaciña!
ti telo teo:
¡sedas as que dormen
antre o centeo!
Fuxir da lama
quen nacéu nela!
Dios cho perdone,
probe Manuela.
Lama con honra
non mancha nada,
nin seda limpa
honra emporcada.
- Santa Santasa,
non sos comprida,
deeindo cousas
que fan ferida.
Faláime sólo
das muineiras,
daquelas voltas
revirandeiras,
daqueles puntos
que fan agora
de afora adentro,
de adentro afora.
- Costureiriña
do carballal,
colle unha agulla,

colle un dedal;
cose os buratos
dese teu cós,
que andar rachada
non manda Dios.
Cose, meniña,
tantos furados
i hora non penses
nos punteados.
- Miña Santasa,
miña Santiña,
nin teño agulla,
nin teño liña,
nin dedal teño,
que aló na feira
roubóumo un majo
da faltriqueira,
decindo: As perdas
dos descoidados
fan o lotiño
dos apañados.
- ¡Costureiriña
que a majos trata!
Alma de cobre,
collar de prata.
Mocidá rindo,
vellez chorando...
Anda, meniña,
coida do gando.
Coida das herbas
do teu herbal:
terás agulla,
terás dedal.

- Deixade as herbas,
que o que eu quería
era ir cal todas
á romeria.
¡I alí con aire
dar cada volta!
Os ollos baixos,
a perna solta.
Pes lixeiriños,
corpo direito.
¡Pero, Santiña...,
non lle dou xeito!
Non vos metades
pedricadora ;
bailadoriña
facéme agora.
Vós dende arriba
andá correndo;
facede os puntos,
i eu adeprendo.
Andá, que peno
polos penares...
Mirái que o pido
chorando a mares.
- ¡Ai da meniña!
¡Ai da que chora,
ai, porque quere
ser bailadora!
Que cando durma
no camposanto,
os enemigos
faránlle espanto,
bailando enriba,

das herbas mudas,
ó son da negra
gaita de Xudas.
I aquel corpiño
que noutros días
tanto truara
nas romerías,
ó son dos ventos
máis desatados
rolará logo
cos condenados.
Costureiriña,
n'hei de ser, n'hei,
quen che deprenda
tan mala lei.
- ¡Ai, qué Santasa!
¡Ai, qué Santona!
Ollos de meiga,
cara de mona,
pór n'hei de porche
os meus pendentes,
pór n'hei de pórche
o meu collar,
xa que non queres,
xa que non sabes
adeprenderme
a puntear.

6.

Nosa Señora da Barca
ten o tellado de pedra;
ben o pudera ter de ouro
miña Virxe si quixera.

I.

¡Cánta xente..., cánta xente
por campiñas e por veigas!
¡Cánta polo mar abaixo
ven camiño da ribeira!
~Qué lanchas tan ben portadas
con aparellos de festa!
~Qué botes tan feituquiños
con tan feituquiñas velas!
Todos cargadiños veñen
de xentiña forasteira
e de rapazas bonitas
cura de tódalas penas.
¡Cántos dengues encarnados!
¡Cántas sintas amarelas!
¡Cántas cofias pranchadiñas
dende lonxe relumbrean
cal si fosen neve pura,
cal froles da primadera!
~Cánta maxesa nos homes!
¡Cánta brancura nas nenas!
I eles semellan gallardos
pinos que os montes ourean,
i elas cogolliños novos
co orballo da mañán fresca.

As de Muros, tan miñas
que un coidara que se creban,
c'aquelas caras de virxe,
c'aqueles ollos de almendra,
c'aqueles cabelos longos
xuntados en longas trenzas,
c'aqueles cores rousados
cal si a aurora llos puñera,
pois así son de soaves
como a aurora que comenza;
descendentes das airosas
fillas da pagana Grecia,
elas de negro se visten,
delgadiñas e lixeiras,
refaixo e mantelo negro,
zapato e media de seda,
negra chaqueta de raso,
mantilla da mesma peza,
con terciopelo adornado
canto enriba de sí levan ;
fillas de reinas parecen,
griegas estatuas semellan
si a un raio de sol
repousadas se contempran;
ricos panos de Manila,
brancos e cor de sireixa,
crúzanse sobre o seu seio
con pudorosa modestia,
e por antre eles relosen
como brillantes estrelas,
aderesos e collares
de diamantes e de pelras,
pendentes de filigrana

e pechuguiñas de cera.
As de Camariñas visten
cal rapaciñas gaiteiras,
saias de vivos colores
polo pescozo da perna,
lucindo o negro zapato
enriba de branca media;
chambras feitas de mil raias
azuladas e bermellas,
con guarniciós que lles caen
sobre a rumbosa cadeira.
Para tocar o pandeiro
non hai coma tales nenas,
que son as camariñanas
feitas de sal e canela.
As de Cé, ¡Virxe do Carme!,
¡qué cariñas tan ben feitas!
Cando están coloradiñas
no ruxe-ruxe da festa,
cada mirar dos seus ollos
fire como cen saetas.
Nin hai mans tan ben cortadas,
tan branquiñas e pequenas
como as que amostran finxindo
que non queren que llas vexan.
Son as de Laxe unhas mozas...
¡Vaia unhas mozas aquélas!
Sólo con velas de lonxe
quítaselles a monteira,
porque son vivas de xenio,
anque son rapazas netas.
Bailadoras... n'hai ningunhas
que con elas se entrometan,

pois por bailar bailarían
no cribo dunha peneira;
mais, en toncando a que recen,
en rezar son as pirmeiras...
Dan ó mundo o que é
dan á igrexa o que é.
As de Noia ben se axuntan
cas graciosas rianxeiras,
polos redondos peiños,
polas cabeleiras creehas,
polos morenos lunares
e polas agudas lenguas,
que abofé que en todo pican
como si fosen pementa.
Veñen dempóis, recatadas
anque un pouquiño soberbias
por aquelo que elas saben
de antigüedade e nobresa
(pois por acó todos somos
tal coma Dios nos fixera),
as meniñas ben compostas
dunha vila quisquilleira,
que por onde van parece
que van dicindo ¡Canela!
¿Prantamos ou non prantamos
a cantas hai nesta terra?
Mais si prantan ou non prantan
non son eu quen o dixera,
que fora pouca cordura,
que fora farta llanesa.
Baste desir que, xuntiñas
todas na porta da igrexa,
máis bonitas parecían

que un ramiño de asucenas,
máis frescas que unha leituga,
máis sabrosiñas que fresas.
Xa que fosen de Rianxo,
que fosen de Rendodela,
de Camariñas ou Laxe,
de Laxe ou de Pontareas,
todas eran tan bonitas,
todas tan bonitas eran
que o de máis duras entrañas
dera as entrañas por elas...
Por eso se derretían,
cal si foran de manteiga,
diante delas os rapaces,
os rapaciños da festa,
os mariñeiros do mare
que donde á Virxe viñeran
porque a Virxen os salvara
de naufragar na tormenta.
Mais si salvaron no mare
non se salvarán na terra,
mariñeiros, mariñeiros,
que aquí tamén hai tormentas
que afogan corasonciños
sin que lle vallan ofertas,
que oie a Virxe ós que
do mar antre as ondas feras,
mais non oie ós namorados
que de afogarse se alegran.

II.

Ramos de froles parece
Muxía a das altas penas
con tanta rosa espallada
naquela branca ribeira,
con tanto caraveliño
que relose antre as areas,
con tanta xente que corre,
que corre e se sarandea
ó son das gaitas que tocan
e das bombas que reventan,
uns que venden limoada,
outros augua que refresca,
aquéles dulce resolio
con rosquilliñas de almendra;
os de máis alá sandías
con sabrosas sirigüelas,
mentras tanto que algún cego
ó son de alegre pandeira,
toca un carto de guitarra
para que bailen as nenas.
¡Bendita a Virxe da Barca!
¡Bendita por sempre sea
miña Virxe milagrosa
en quen tantos se recrean!
Todos van por visitala,
todos alí van por vela
na súa barca dourada,
na súa barca pequena,
donde están dous anxeliños,
dous anxeliños que reman.
Alí chegóu milagrosa

nunha embarcasón de pedra.
Alí, porque Dios o quixo,
sempre adoradores teña.
A pedra, bala que bala,
sírvelle de centinela
e mentras dormen os homes
ela adorasón lle presta
con aquel son campanudo
que escoitar lonxe se deixa
e a quen o mar con
humildosos lle contesta.
Cando as campanas repican
e a música retumbea,
cal nun ceo, polas naves
da recollidiña igrexa;
cando os foguetes estalan
nos aires, e voces frescas
polo espaso cas gaitiñas
e cos tambores se mescran,
estonces a pedra bala
tan alegre e tan contenta
que anque un cento de presoas
brinca e salta enriba dela,
coma si fose mociña,
máis que unha pruma lixeira,
alegre como unhas pascuas
salta e rebrinca con elas.
Choven estonces presentes,
choven estonces ofertas
que lle traen os romeiros
en feitiñas carabelas
diante da Virxe bendita,
ós pes da sagrada Reina,

e por eso alí lle cantan
cando se despiden dela:
Nosa Señora da Barca
ten o tellado de pedra
ben o pudera ter de ouro
miña Virxe si quixera.

7.

Fun un domingo,
fun pola tarde,
co sol que baixa
tras dos pinares,
cas nubes brancas
sombra dos ánxeles,
cas palomiñas
que as alas baten
con un batido
manso e suave,
atravesando
vagos celaxes,
mundos estraños
que en raios parten
ricos tesouros
de ouro e diamante.
Pasín os montes,
montes e valles;
pasín llanuras
e soledades;
pasín os regos,
pasín os mares
cos pes enxoitos
e sin cansarme.
Colléume a noite,
noite brillante
cunha luniña
feita de xaspes,
e fun con ela
camiño adiante,
cas estreliñas

para guiarme,
que aquel camiño
sólo elas saben.
Dempóis a aurora
co seu sembrante
feito de rosas
veu a alumbrarme,
e vin estonces,
antre o ramaxe
de olmos e pinos,
acobexarse
branca casiña
con palomare
donde as pombiñas
entran e saien.
Nela se escoitan
doces cantares,
nela garulan
mozos galantes
cas rapaciñas
de outros lugares.
Todo é contento,
todo é folgare
mentras a pedra
bate que bate,
mole que mole,
dalle que dalle,
con lindo gusto
faille compases.
Non hai sitiño
que máis me agrade
que aquel muíño
dos castañares,

donde hai meniñas,
donde hai rapaces
que ricamente
saben loitare;
donde rechinan
hasta cansarse
mozos e vellos,
nenos e grandes,
e, anque non queren
que aló me baixe,
sin que o soupera
na casa naide,
fun ó muíño
do meu compadre;
fun polo vento,
vin polo aire.

8.

Un repoludo gaiteiro,
de pano sedán vestido,
como un príncipe cumprido,
cariñoso e falangueiro,
antre os mozos o pirmeiro
e nas siudades sin par,
tiña costume en cantar
aló pola mañanciña:
- Con esta miña gaitiña
ás nenas hei de engañar.
Sempre pola vila entraba
con aquél de señorío;
sempre con poxante brío
co tambor se acompasaba;
e si na gaita sopraba,
era tan dose soprar,
que ben fixera en cantar
aló pola mañanciña:
- Con esta miña gaitiña
ás nenas hei de engañar.
Todas por el reloucaban,
todas por el se morrían;
si o tiñan cerca, sorrian;
si o tiñan lonxe, choraban.
¡Mal pecado! Non coidaban
que c'aquel seu frolear
tiña eostume en cantar
aló pola mañanciña:
- Con esta miña gaitiña
ás nenas hei de engañar.
Camiño da romería,

debaixo dunha figueira,
¡cánta meniña solteira
Quérote, lle repetía...!
I el ca gaita respondía
por a todas emboucar,
pois ben fixera en cantar
aló pola mañanciña :
- Con esta miña gaitiña
ás nenas hei de engañar.
Elas louquiñas bailaban
e por xunta del corrían
cegas..., cegas, que non vían
as espiñas que as cercaban;
probes palomas, buscaban
a luz que as iba queimar,
pois que el soupera cantar
aló pola mañanciña:
ó son da miña gaitiña
ás nenas hei de engañar.
Nas festas ¡cánto contento!
¡Cánta risa nas fiadas!
Todas, todas, namoradas,
déranlle o seu pensamento.
I el que, de amores sedento,
quixo a todas engañar,
cando as veu dimpóis chorar,
cantaba nas mañanciñas:
- Non sean elas toliñas:
non veñan ó meu tocar.

9.

Díxome nantronte o cura
que é pecado...
Mais aquél de tal fondura
¿cómo o facer desbotado?
Dálle que dálle ó argadelo,
noite e día,
e pensa e pensa naquelo,
porfía que te porfía...
Sempre malla que te malla,
enchendo a cunca,
porque o que o diancre traballa,
din que acaba tarde ou nunca.
Canto máis digo: ¡Arrenegado!
¡Demo fora!,
máis o demo endemoncrado,
me atenta dempóis i agora.
Máis ansias teño, máis sinto,
¡rematada!,
que non me queira Jacinto
nin solteira nin casada.
Porque deste ou de outro modo,
a verdá digo,
quixera atentalo e todo,
como me atenta o enemigo,
¡Que é pecado..., mina almiña!
Mais que sea,
¿cál non vai, si é rapaciña,
buscando o que ben desea?
Nin podo atopar feitura,
nin asento,
que me está dando amargura

sempre este mal pensamento.
Din que parés lagarteiro
desprumado,
si é verdad, ¡meu lagarteiro
tenme o corasón prendado!
Cara de pote fendido
ten de alcume;
mellor que descolorido,
quéroo tostado do lume.
Si elas cal eu te miraran,
meu amore,
nin toliña me chamaran,
nin ti me fixeras dore.
Vino unha mañán de orballo,
á mañecida,
durmindo ó pe dun carballo,
enriba da herba mollida.
Arriméime paseniño
á súa beira,
e sospiraba mainiño
coma brisa mareeira.
E tiña a boca antraberta,
como un neno
que mirando ó ceu desperta
deitadiño antre o centeno.
I as guedellas enrisadas
lle caían,
cal ovellas en manadas,
sobre as froliñas que abrian.

Meu Dios! ~Quén froliña fora

das daquélas... !

¡Quén as herbas que en tal
o tiñan pretiño delas!
¡Quén xiada, quén orballo
que o mollóu!
¡Quén aquel mesmo carballo
que cas ponlas o abrigóu!
Mentras que así o contempraba,
rebuléu ;
e penséi que me afogaba
o corasonciño meu.
Bate que bate, batía
sin parar;
mais eu tembrando decía:
Agora lle hei de falar.
E volvéu a rebulir
moi paseniño.
¡Ai!, e botéi a fuxir,
lixeira polo camiño.
Dempóis, chora que te chora,
avergonzada,
dixen: Si el non me namora,
non lle diréi nunca nada.
E non me namora, non,
¡maldizoado!
Mentras o meu corasón quérelle
anque sea pecado.
E vai tras de outras mociñas
tan contento,
i eu con unhas cadiñas
prendíno ó meu pensamento.
E que queira que non queira,
está comigo,
i á postre i á derradeira,

con el me atenta o enemigo.
¡Sempre malla que te malla
enchendo a cunca!
I é que o que o
acabará tarde ou nunca.
Por eso, anque o cura dixo
que é pecado,
mal que tanto mal me fixo
nunca o daréi desbotado.

10.

Quíxente tanto, meniña,
tívenche tan grande amor
que para min eras lúa,
branca aurora e craro sol;
augua limpa en fresca fonte,
rosa do xardín de Dios,
alentiño do meu peito,
vida do meu corazón.
Así che falín un día
camiñiño de San Lois,
todo oprimido de angustia,
todo ardente de pasión,
mentras que ti me escoitabas
depinicando unha frol
porque eu non vise os teus
que refrexaban traiciós.
Dempóis que sí me dixeches,
en proba de teu amor,
décheme un caraveliño
que gardín no corazón.
¡Negro caravel maldito,
que me firéu de dolor!
Mais, a pasar polo río,
¡o caravel afondóu...!
Tan bo camiño ti leves
como o caravel levóu.

Also available from JiaHu Books:

Os Lusíadas by Luís Vaz de Camões
Il Principe - The Prince - Italian/English Bilingual Text by Niccolo Machiavelli
The Social Contract (French-English Text) by Jean-Jacques Rousseau
Lettres persanes/Persian Letters (French-English Bilingual Text) by Charles-Louis de Secondat Montesquieu
What is Property? - French/English Bilingual Text by Pierre-Joseph Proudhon
Manifest der Kommunistischen Partei Manifesto of the Communist Party (German/English Bilingual Text) by Karl Marx
Also sprach Zarathustra/Thus Spoke Zarathustra by Friedrich Nietzsche
Jenseits von Gut und Böse/Beyond Good and Evil (German/English Bilingual Text) by Friedrich Nietzsche
Die Verwandlung - Metamorphosis by Franz Kafka
Det går an by Carl Jonas Love Almqvist
Drottningens Juvelsmycke by Carl Jonas Love Almqvist
Röda rummet – August Strindberg
Fröken Julie/Fadren/Ett dromspel by August Strindberg
Brand -Henrik Ibsen
Et Dukkhjem – Henrik Ibsen (Norwegian/English Bilingual text also available)
Peer Gynt – Henrik Ibsen
Hærmændene på Helgeland – Henrik Ibsen
Fru Inger til Østråt -Henrik Ibsen
Synnøve Solbakken - Bjørnstjerne Bjørnson
The Little Mermaid and Other Stories (Danish/English Texts) - Hans-Christian Andersen

Egils Saga (Old Norse and Icelandic)
Brennu-Njáls saga (Icelandic)
Laxdæla Saga (Icelandic)
Die vlakte en andere gedigte (Afrikaans) - Jan F.E. Celliers

www.ingramcontent.com/pod-product-compliance
Lightning Source LLC
Chambersburg PA
CBHW031434040426
42444CB00006B/801